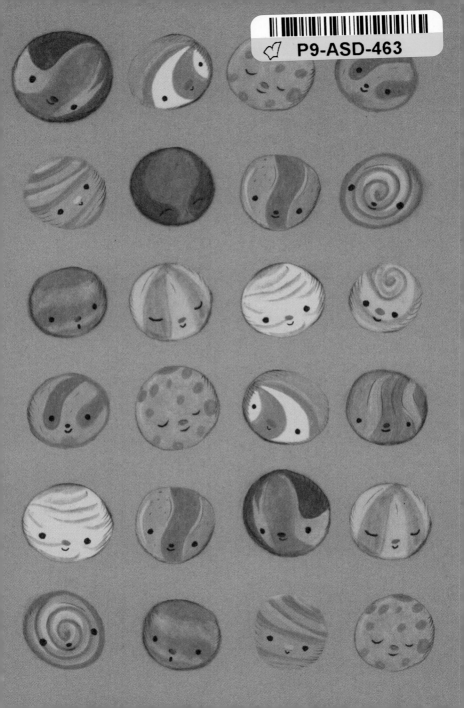

A Magali, por enseñar
a cabalgar palabras
M. Z.

A mi mamá,
por enseñarme a jugar
N. C.

DIRECCIÓN EDITORIAL: Cristina Arasa
COORDINACIÓN DE LA COLECCIÓN: Mariana Mendía
PROYECTO EDITORIAL: Rodolfo Fonseca
EDICIÓN: Ariadne Ortega González
DISEÑO Y FORMACIÓN: Javier Morales Soto

Instrucciones para jugar. Poemas sobre el juego y la imaginación

Antología D. R. © 2014, Monique Zepeda
Ilustraciones D. R. © 2015, Natalia Colombo

PRIMERA EDICIÓN: abril de 2015
D. R. © 2015, Ediciones Castillo, S. A. de C. V.
Castillo ® es una marca registrada.

Insurgentes Sur 1886, Col. Florida.
Del. Álvaro Obregón.
C. P. 01030, México, D. F.

Ediciones Castillo forma parte del Grupo Macmillan

www.grupomacmillan.com
www.edicionescastillo.com
infocastillo@grupomacmillan.com
Lada sin costo: 01 800 536 1777

Miembro de la Cámara Nacional de la Industria Editorial Mexicana.
Registro núm. 3304

ISBN: 978-607-621-223-3

Impreso en México / *Printed in Mexico*

Impreso en los talleres de
Editorial Impresora Apolo S.A. de C.V.
Centeno 150-6, Colonia Granjas Esmeralda,
Delegacion Iztapalapa, C.P. 09810, México, D.F.
Abril de 2015.

Antología de
MONIQUE ZEPEDA

Instrucciones
para jugar

Poemas sobre el juego y la imaginación

Ilustraciones de
NATALIA COLOMBO

CASTILLO DE LA LECTURA

Es posible jugar de muchas maneras,
con juguetes, por supuesto, pero también
podemos hacerlo con la creatividad. Sólo
basta que imaginemos un mundo para
inventarlo: con la imaginación podemos
viajar, descubrir tesoros, hacer magia
y ser quien queramos ser.

La poesía es una manera de jugar con el
lenguaje y la imaginación. Y en este libro
encontrarás poemas, juguetes y personajes
para divertirte. Puedes jugar solo o invitar
a tus amigos, e incluso imaginar que eres
poeta y jugar con tus propios poemas.

En una cajita de fósforos

En una cajita de fósforos
se pueden guardar muchas cosas.

Un rayo de sol, por ejemplo.
(Pero hay que encerrarlo muy rápido,
si no, se lo come la sombra.)
Un poco de copo de nieve,
quizá una moneda de luna,
botones del traje del viento,
y mucho, muchísimo más.

Les voy a contar un secreto.
En una cajita de fósforos
yo tengo guardada una lágrima,
y nadie, por suerte, la ve.
Es claro que ya no me sirve.
Es cierto que está muy gastada.
Lo sé, pero qué voy a hacer,
tirarla me da mucha lástima.

→

Tal vez las personas mayores
no entiendan jamás de tesoros.
"Basura", dirán, "Cachivaches",
"No sé por qué juntan todo esto".
No importa, que ustedes y yo
igual seguiremos guardando
palitos, pelusas, botones,
tachuelas, virutas de lápiz,
carozos, tapitas, papeles,
piolín, carreteles, trapitos,
hilachas, cascotes y bichos.

En una cajita de fósforos
se pueden guardar muchas cosas.
Las cosas no tienen mamá.

MARÍA ELENA WALSH · Argentina

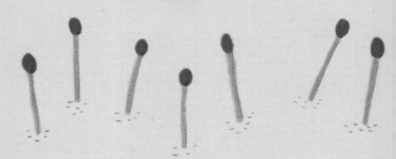

9

Mi niña pintó un velero

Mi niña pintó un navío...
parece que va volando...
lo pintó de verde-azul
y sobre un mar todo blanco.

Mi niña pintó su alma,
navío que va volando
sobre el mar, o cielo, o sueño,
siempre blanco.

LUIS FERNANDO ÁLVAREZ · Venezuela

Tengo un pañuelito

Tengo un pañuelito
de papel muy fino
y si yo lo quiero
él se hace barquito,
paloma,
estrella,
zapallo,
violín.
Si le digo ¡barco!
él se hace paloma.
Si le digo ¡estrella!
él se hace violín.

EDITH VERA · Argentina

12

Canción del barco inmóvil

Cómo navega
mi barco por el agua
y por la tierra.

El viento no lo empuja
ni se menea
siguiendo el subibaja
de la marea.

Pero navega
sin moverse del sitio
donde me espera.

➜

→

En su mar de cristales
tranquilo sueña
el sueño de la oruga
entre las piedras.

Quieto navega
por el mar de los ojos
que lo contemplan.

Su ruta es todo el mundo
que se le acerca;
su mar es una varazo
que lo rodea.

Pero navega
sin moverse de adentro
de la botella.

DAVID CHERICIÁN • Cuba

Caracola

A Natalia Jiménez

Me han traído una caracola.

Dentro le canta
un mar de mapa.
Mi corazón
se llena de agua
con pececillos
de sombra y plata.

Me han traído una caracola.

FEDERICO GARCÍA LORCA · España

Eco

La noche juega con los ruidos
copiándolos en sus espejos
de sonidos.

Xavier Villaurrutia · México

El espejo

Una grande y otra chica.
¡Qué dilema en el espejo!
Cuando las dos nos miramos,
yo no sé cuál es mi imagen,
si la chica o la grande.
Cuando las dos nos reímos
yo no sé de cuál es la risa,
si la tuya o si la mía.
Qué dilema en el espejo.

Y cuando nos abrazamos,
sólo un corazón muy grande
se refleja en el espejo.

AYES TORTOSA · España

Dame la mano

A Tasso de Silveira

Dame la mano y danzaremos;
dame la mano y me amarás.
Como una sola flor seremos,
como una flor, y nada más...

El mismo verso cantaremos,
al mismo paso bailarás.
Como una espiga ondularemos,
como una espiga, y nada más.

Te llamas Rosa y yo Esperanza;
pero tu nombre olvidarás,
porque seremos una danza
en la colina, y nada más...

GABRIELA MISTRAL · Chile

Mis amigos

Me gustan mis amigos
porque se descalzan
y se meten a los charcos
se comen el jamón de un solo bocado,
no se peinan, ni se lavan, gritan,
gritan mucho cuando
corren detrás de su balón
y se ríen.

Me gustan
porque tienen pesadillas
como yo
con horribles monstruos de colores
y con lobos.

Y porque duermen
tanto que se llenan de sol
más sol y salen al jardín
se guardan las lombrices
esconden cochinillas,
lentos caracoles
en las bolsas de sus pantalones
y se ríen.

→

→

Me gustan mis amigos
porque siempre dicen
que les pasan aventuras
en lo alto de los árboles
y de las azoteas, a lo lejos
donde el sol más sol
pasa dando tumbos,
y se ríen.

Y porque quieren conocer
los siete mares y viajar
en cohetes espaciales
y porque sacan la lengua,
hacen muecas,
arrugan las narices,
y se ríen.

Me gustan mis amigos
porque cantan
canciones de cangrejos
como si fueran
los últimos piratas
del planeta
e imitan a los pájaros
y luego ríen.

Me gustan mis amigos
porque sé
que estarán
por mí esperando,
esperando
a que entremos juntos

27

girando,
girando
en los juegos
del aire y la fortuna
debajo de las sombras,
a un lado de los días,
con la risa más grande de las
nubes.

María Baranda • México

Viento

Tuerce, retuerce
el viento arcoíris
los rehiletes.

Árbol

Un árbol silba.
Las hadas-luciérnagas
cabalgan en él.

Cometa

En mi garganta,
millones de cometas
me hacen reír.

MARTHA RIVA PALACIO · México

31

Niño y trompo

Cada vez que lo lanza,
cae, justo,
en el centro del mundo.

Octavio Paz · México

Balero

Hacer subir por el aire un agujero.

Antonio Deltoro · México

El circo

El equilibrista brilla
sobre un alambre muy alto
y después trae mil pañuelos
dentro de su boca el mago;
luego vienen a la pista
elefantes y caballos,
el lanzador de cuchillos
y leones que dan espanto,
pero todo el susto pasa
cuando llegan los payasos.

BENJAMÍN VALDIVIA · México

Mi marioneta

Cara pintada
cuerpo de nada
pilín de pelo
¡largo hasta el suelo!

Mi marioneta
se mueve sola
cuando mi mano
le dice:
¡Hola!

A veces canta
cuando yo canto,
a veces llora,
si estoy llorando.
Si yo la muevo
muy ligerito,
se mueve mucho
¡por un ratito!

Y cuando el cuento
ya se termina...
Mi marioneta
ya no camina,
ya no camina,
¡ya no camina!

MYRIAM RIVA

Los enanitos

Cuando está la luna
sobre el horizonte
muchos enanitos
juegan en el monte.

A las esquinitas
y a la rueda, rueda,
juegan los enanos
bajo la arboleda.

Muy blanca la barba,
muy rojo el vestido,
los enanos juegan
sin hacer ruido.

Y así, como blandos
ovillos de lana,
por el campo corren
hacia la montaña.

GERMÁN BERDIALES · Argentina

41

Pelota

Redonda tentación
del niño juguetón.

Vuelta y vuelta la pelota
quiere viajar al jardín
pero no puede... está rota
la llave del maletín.

La pelota
viene y va
cuando brinca mi papá.

ALMA VELASCO · México

Canicas

No dejo de preguntar
pero nadie a mí me explica
por qué hay mundos y galaxias
adentro de mis canicas.

Emilio Lome • México

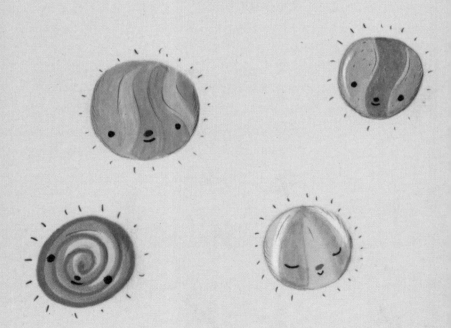

Meteoro

Sobre la mesa
un vaso
se desmaya,
        rueda,
        cae.
Al estrellarse
contra el piso,
una galaxia
        nace.

ELÍAS NANDINO · México

El trompo

Diestra tu mano
se debe hallar
para que el trompo
puedas bailar.

Muchas tiradas
se han malogrado
porque el principio
fue descuidado.

Mezcla colores
en su girar,
del tiempo imita
loco zumbar.
No se te enrede
la cuerda... ¡tira!
Gira tu trompo
como la vida.

ADELA AYALA · México

48

A la rueda-rueda

A la rueda-rueda
que cayó del cielo
el agua del río
un lindo lucero.

A la rueda-rueda
que la princesita
para sus cabellos
quiere la estrellita.

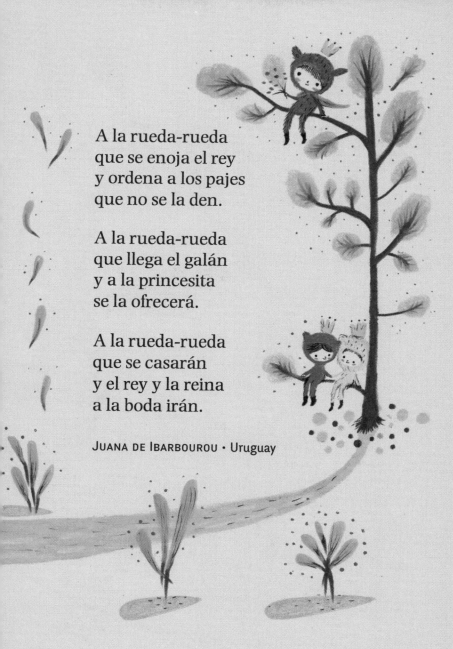

A la rueda-rueda
que se enoja el rey
y ordena a los pajes
que no se la den.

A la rueda-rueda
que llega el galán
y a la princesita
se la ofrecerá.

A la rueda-rueda
que se casarán
y el rey y la reina
a la boda irán.

JUANA DE IBARBOUROU · Uruguay

Aleluyas vocálicas

Canta la rana, sabe la A.
(¡Basta de dar lata a papá!)

El tren despierta, sisea en E.
(En la tetera me espera el té.)

Hice el vampiro, emití la I.
(Ni mis amigos siguen aquí.)

Con ronco golpe sonó la O.
(Sollozan todos y lloro yo.)

Brujas me asustan, uso la U.
(Huyo sin brújula en rumbo sur.)

ANTONIO A. GÓMEZ YEBRA · España

El que escribe al último
escribe mejor.

Yo apenas empiezo.

EFRAÍN HUERTA · México

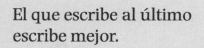

Instrucciones para jugar

Llena un baúl de ocurrencias,
un costal de ganas,
unas cuantas ramas,
hojas, palitos, menudencias.

Atrapa alguna idea brillante
de las que son como diamantes.
Consigue papel, unos botones,
pegamento y cordones.

Arma una casa, una flor,
o un pajarito ruiseñor.
¿Te parece poca cosa?
Entonces,
una jungla misteriosa.

Inventa un tigre:
muchas rayas y pocos dientes.
Aunque somos muy valientes
no se trata de que ni tú
ni nadie peligre.

→

→

Almacena mucha risa.
Invita amigas: una, dos o más.
Pon tu reloj en "poca prisa"
llama a un par de cuates además.

Quizás discutan sobre lo que quieran
fabricar:
si un barco pirata,
si un dragón ensillado,
si un árbol morado.
Más vale tomar turnos para poder jugar.

Puede que te sorprendas
cuando aparezca
un dragón
con parche y calcetas
gritando:
"¡Yo quiero ir a la fiesta!".

O quizás te asombres
si se presenta un tigre chimuelo
francamente aburrido
jugando con un anzuelo.

MONIQUE ZEPEDA · México

Créditos

Páginas 7-8
"En una cajita de fósforos", María Elena Walsh
© Herederos de María Elena Walsh
c/o Schavelzon Graham Agencia Literaria
www.schavelzon.com

Página 11
"Mi niña pintó un velero", © Luis Fernando Álvarez

Página 12
"Tengo un pañuelito", © Edith Vera

Páginas 15-16
"Canción del barco inmóvil", © David Chericián

Página 18
"Caracola", Federico García Lorca
© Herederos de Federico García Lorca

Página 20
"Eco", *Obras completas*, Xavier Villaurrutia
Copyright © 1966, Fondo de Cultura Económica
Todos los derechos reservados. México, D. F.

Página 21
"El espejo", © Ayes Tortosa

Página 22
"Dame la mano", © Gabriela Mistral

Páginas 25-29
"Mis amigos", *Digo de noche un gato y otros poemas*, María Baranda
Ediciones El Naranjo, México, 2006, pp. 37-39.

Páginas 30-31
"Viento", "Árbol", "Cometa", *Haikú. Todo cabe en un poema si lo sabes acomodar...*,
Martha Riva Palacio Obón. Ediciones El Naranjo, México, 2007, pp. 15, 21 y 29.

Índice

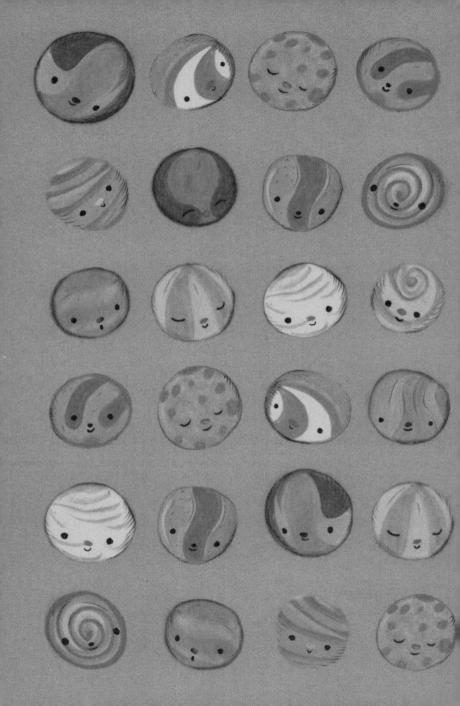